La hora

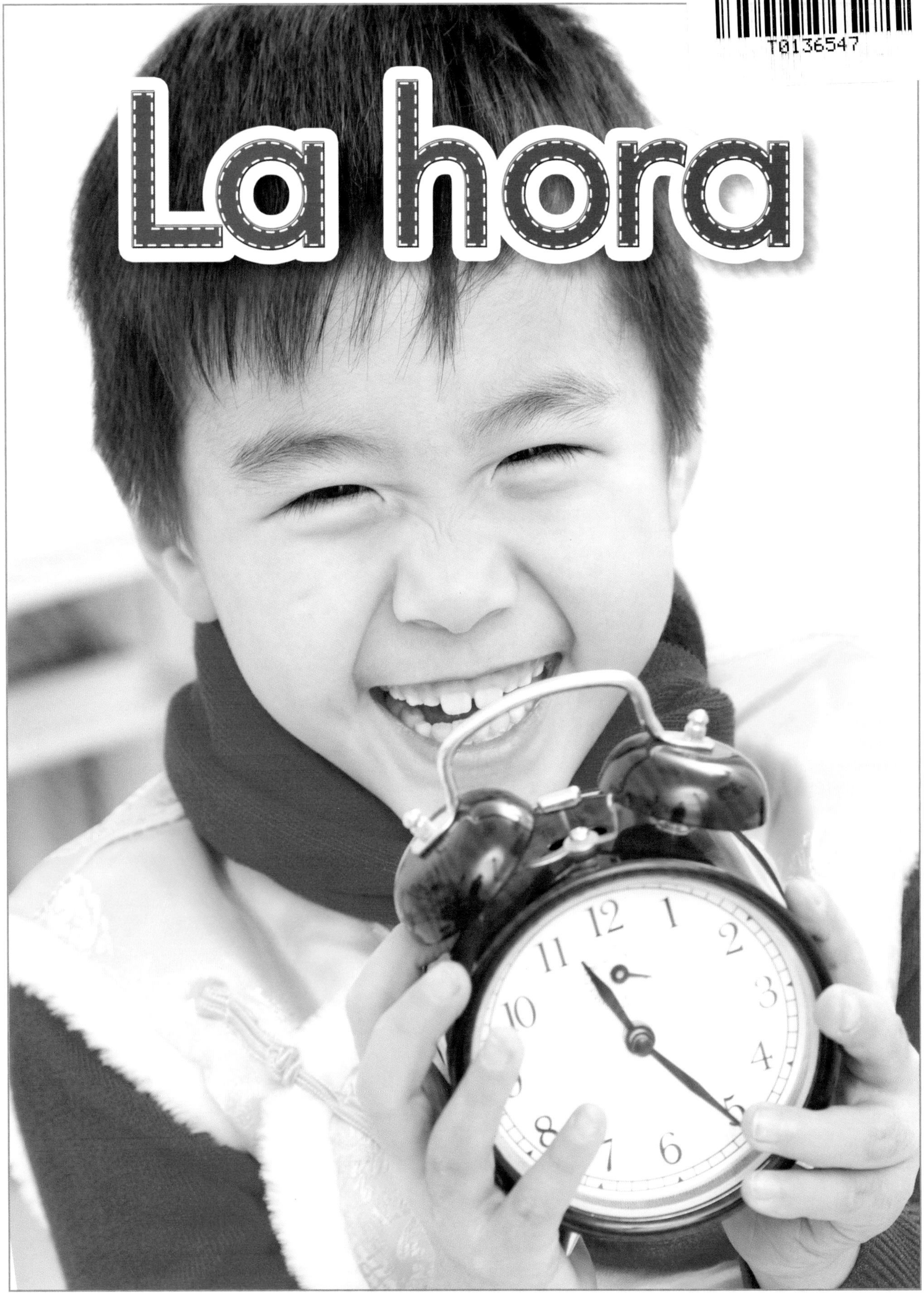

Stephanie Reid

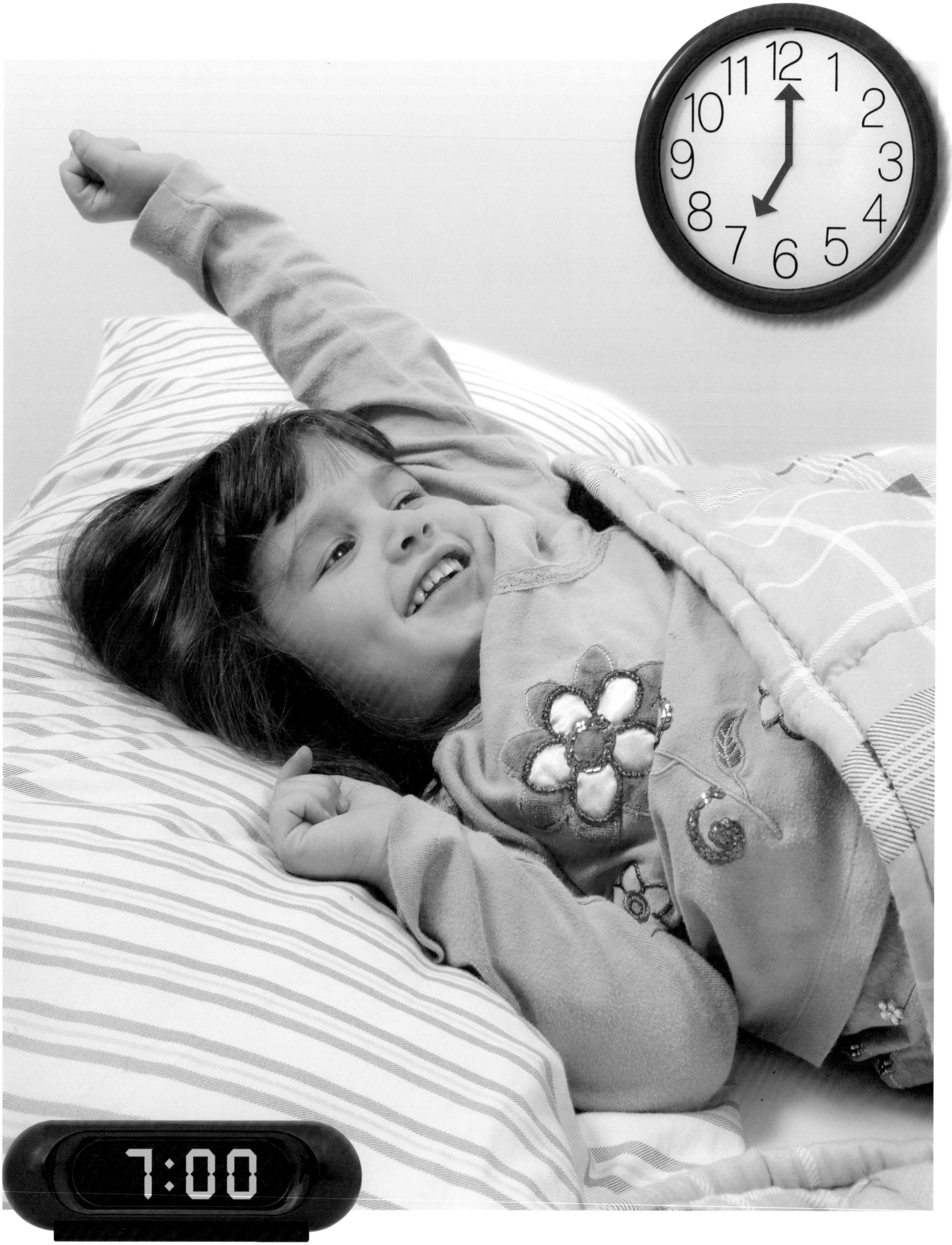
7:00

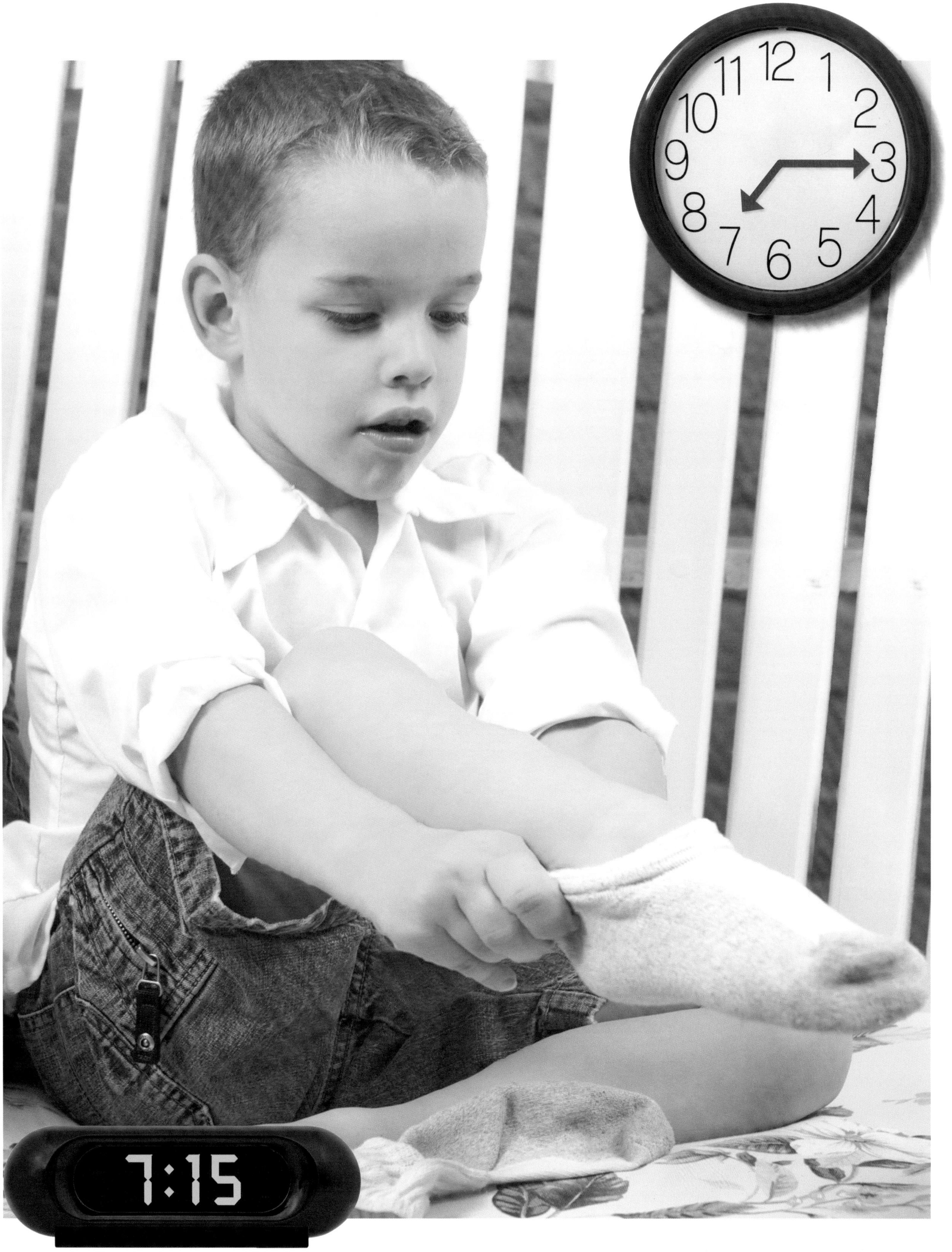
7:15

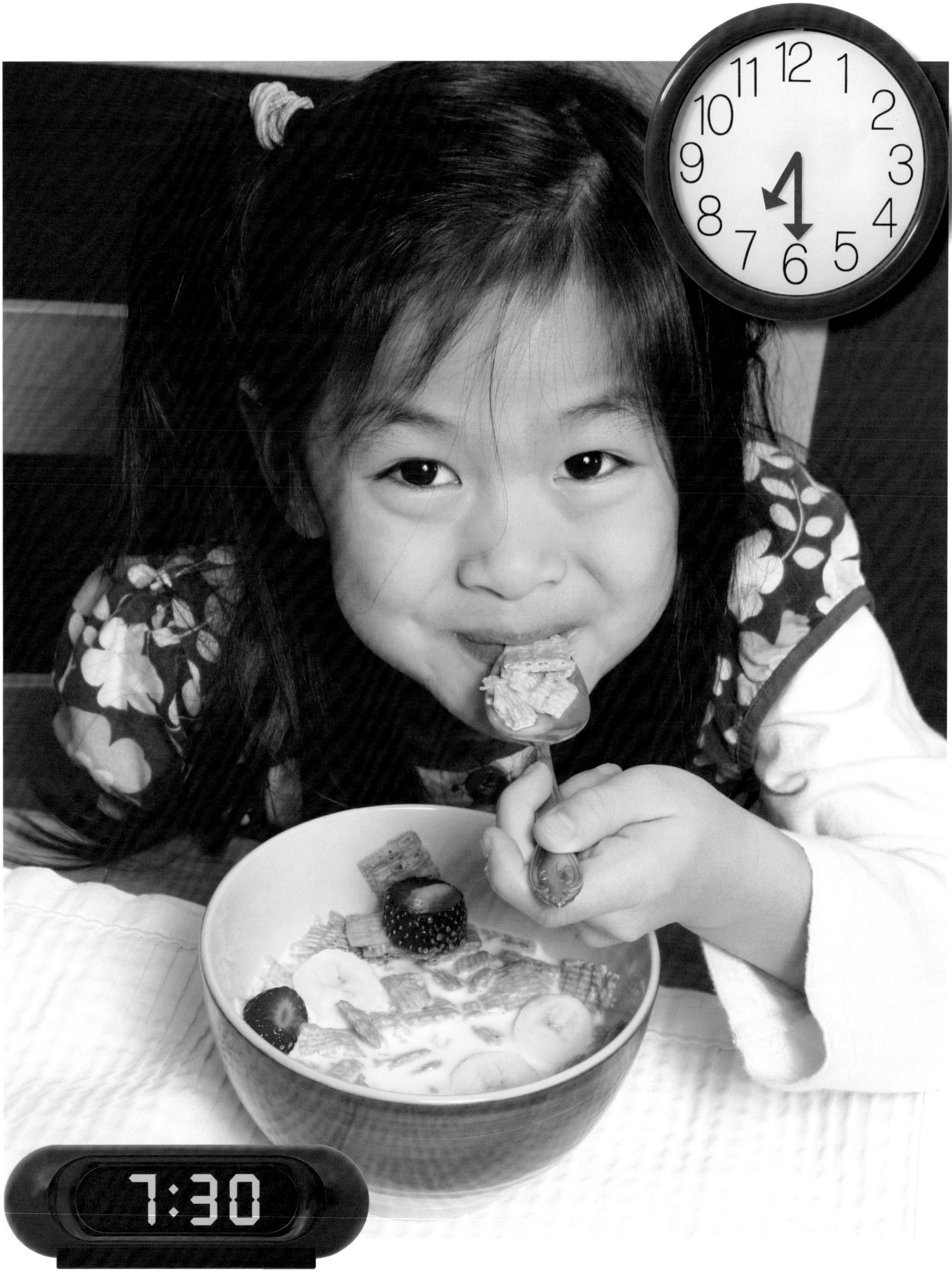
7:30

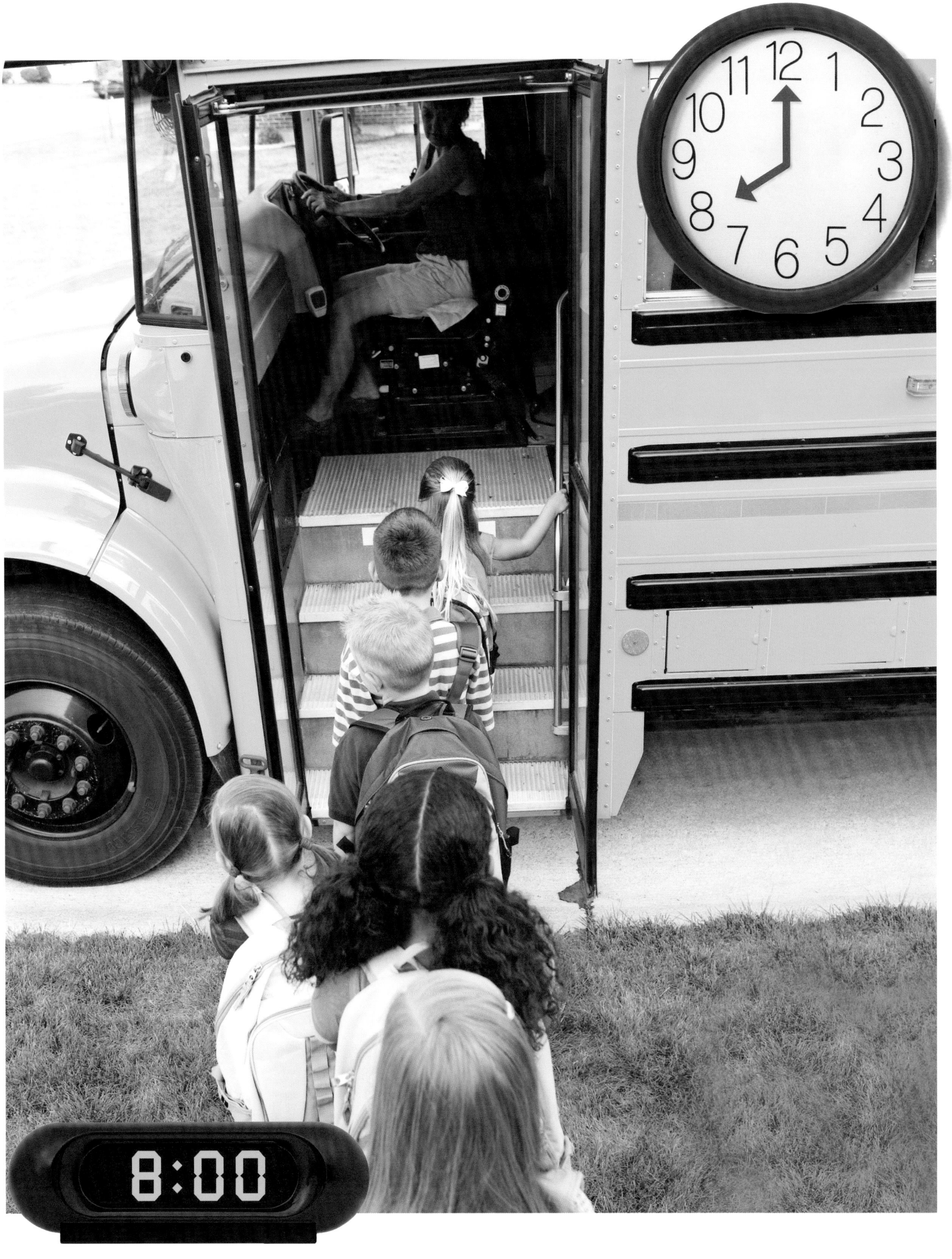
11 12 1
10 2
9 3
8 4
7 6 5
8:00

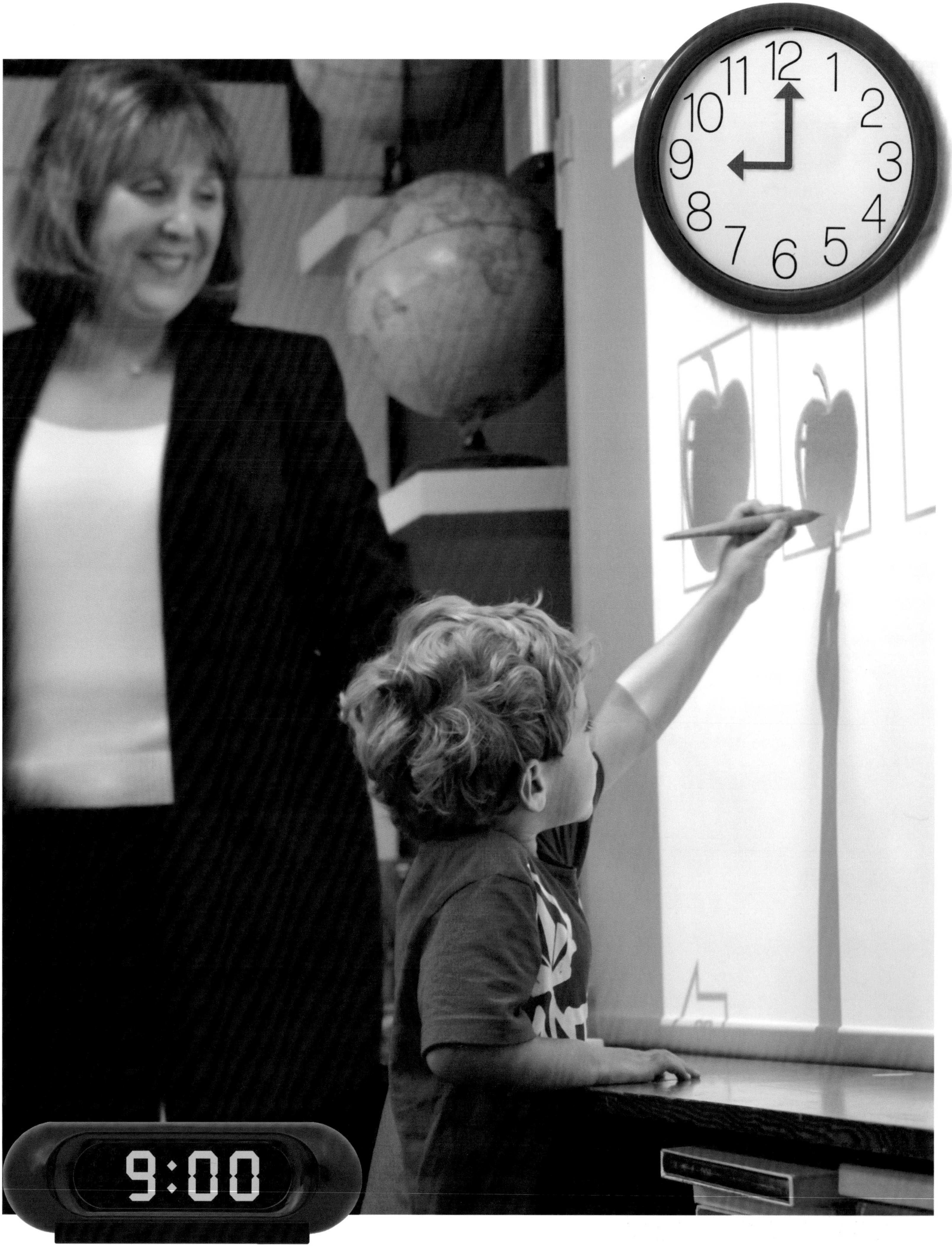
9:00

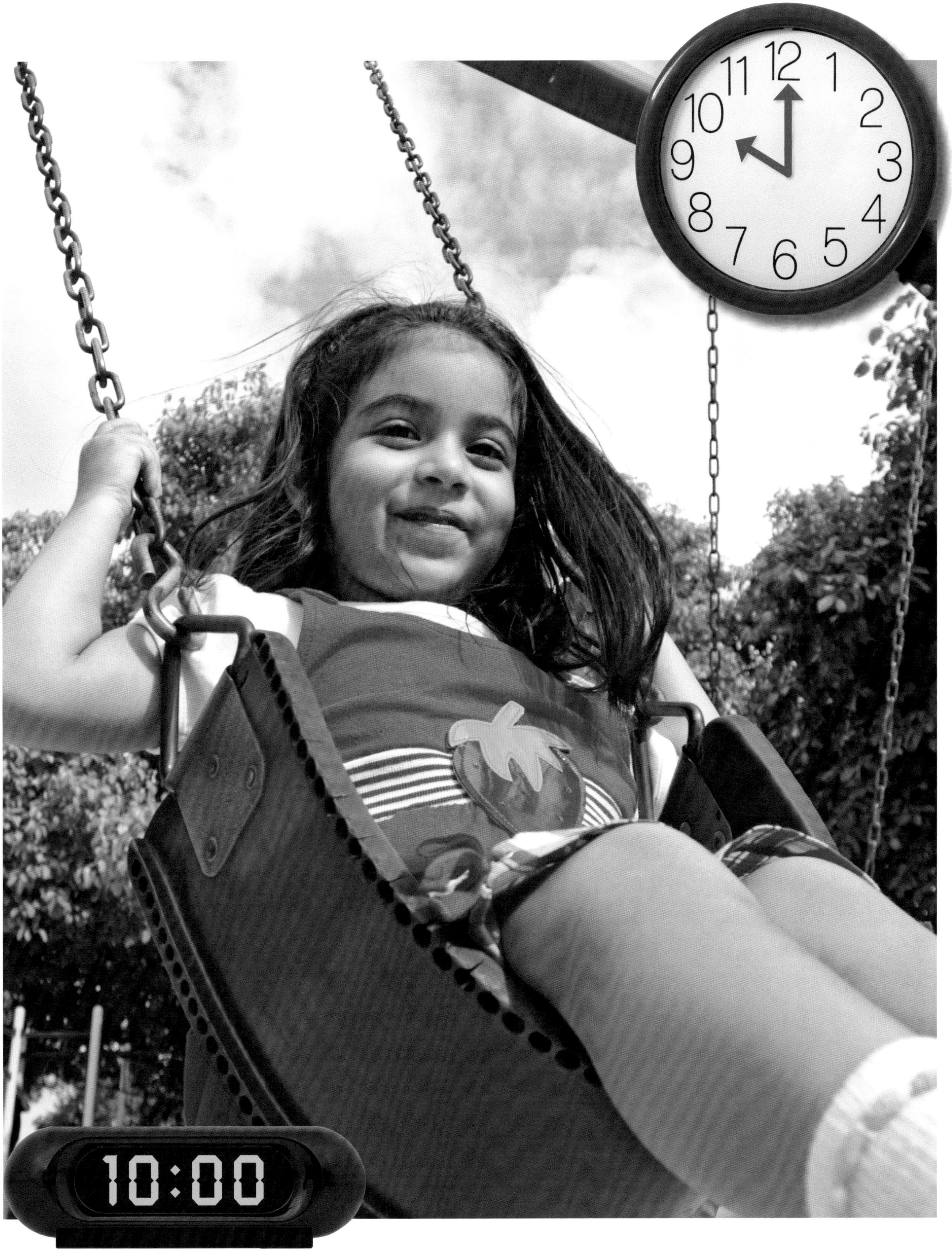
10:00

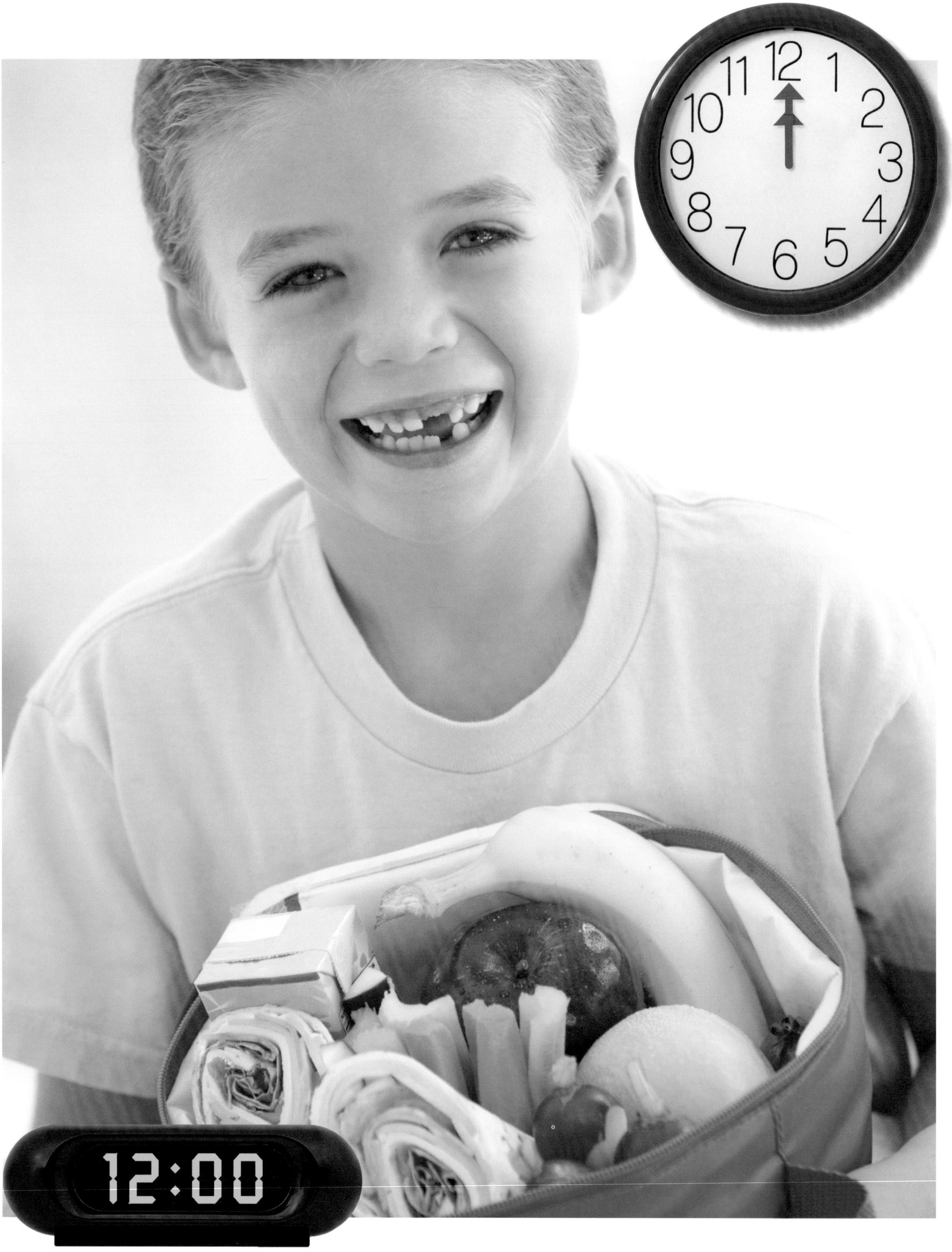
12:00

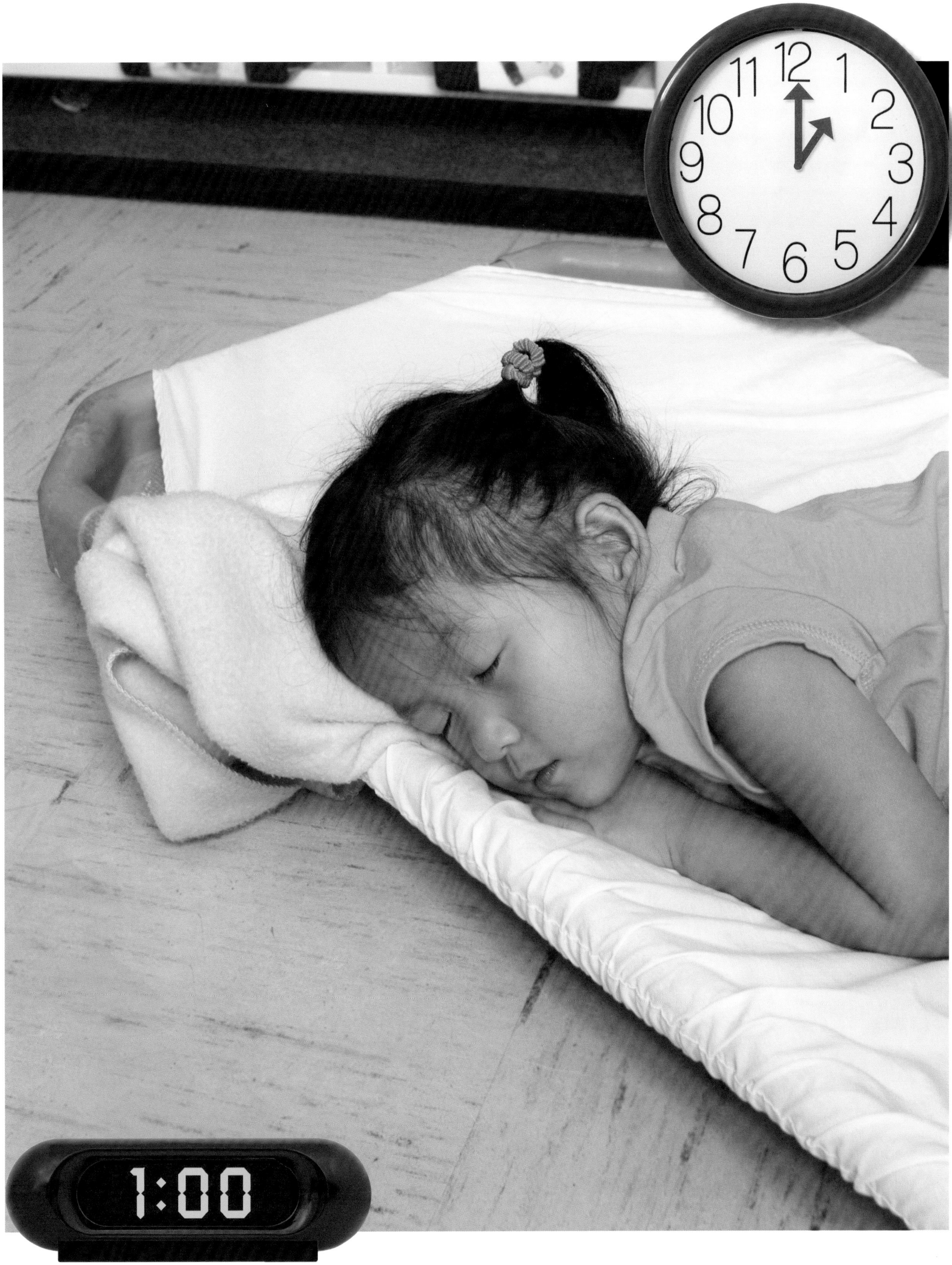

1:00

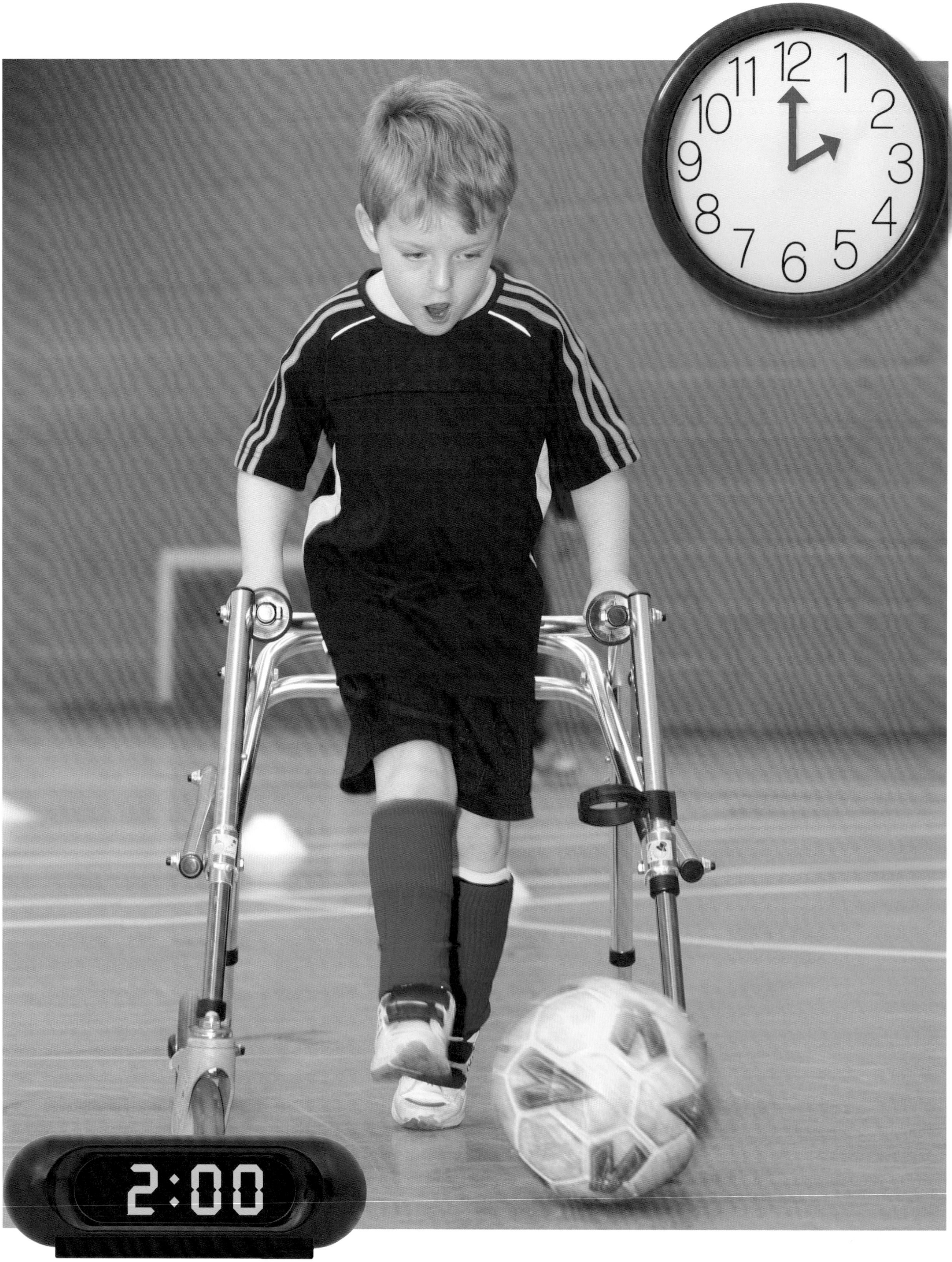
2:00

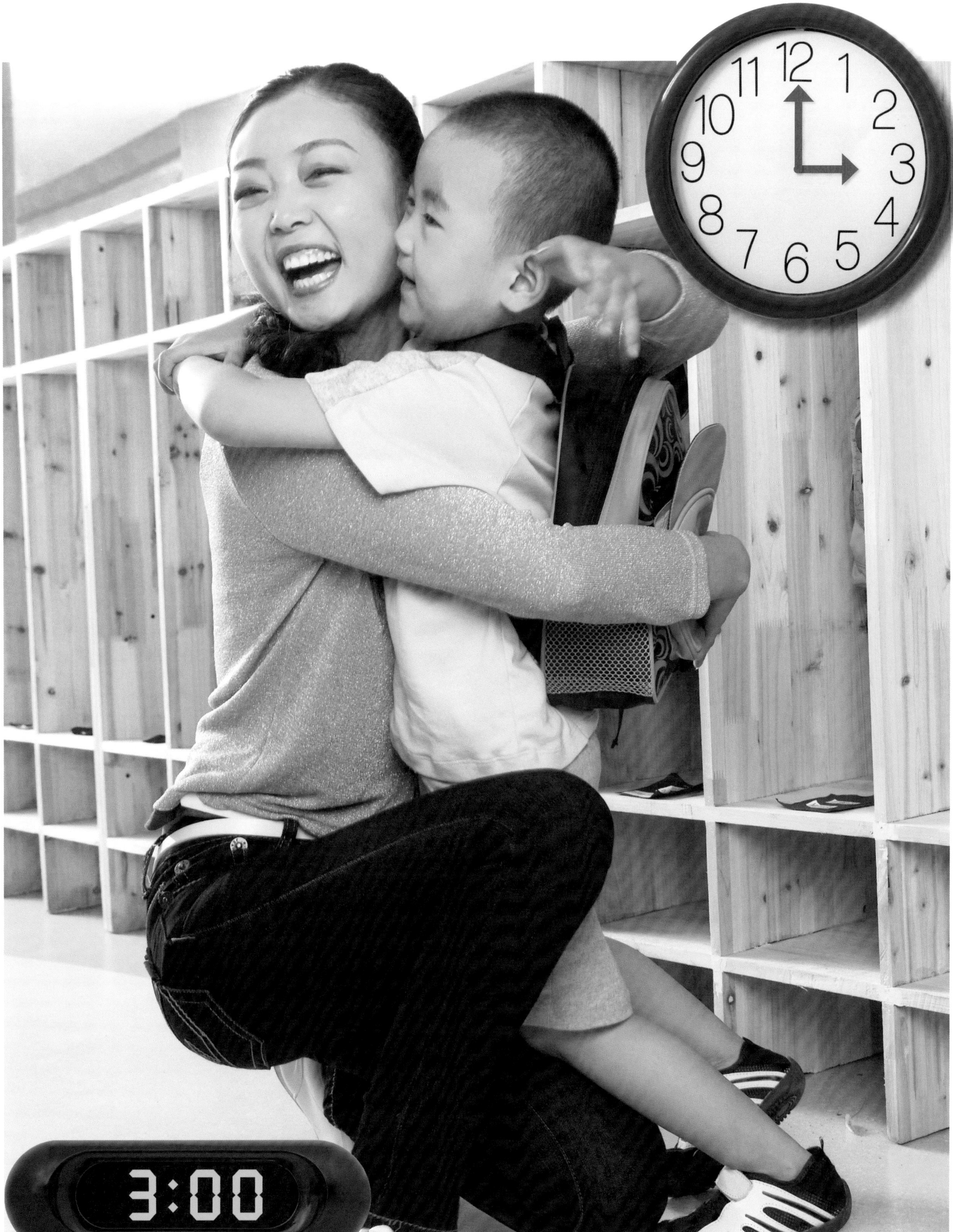
3:00

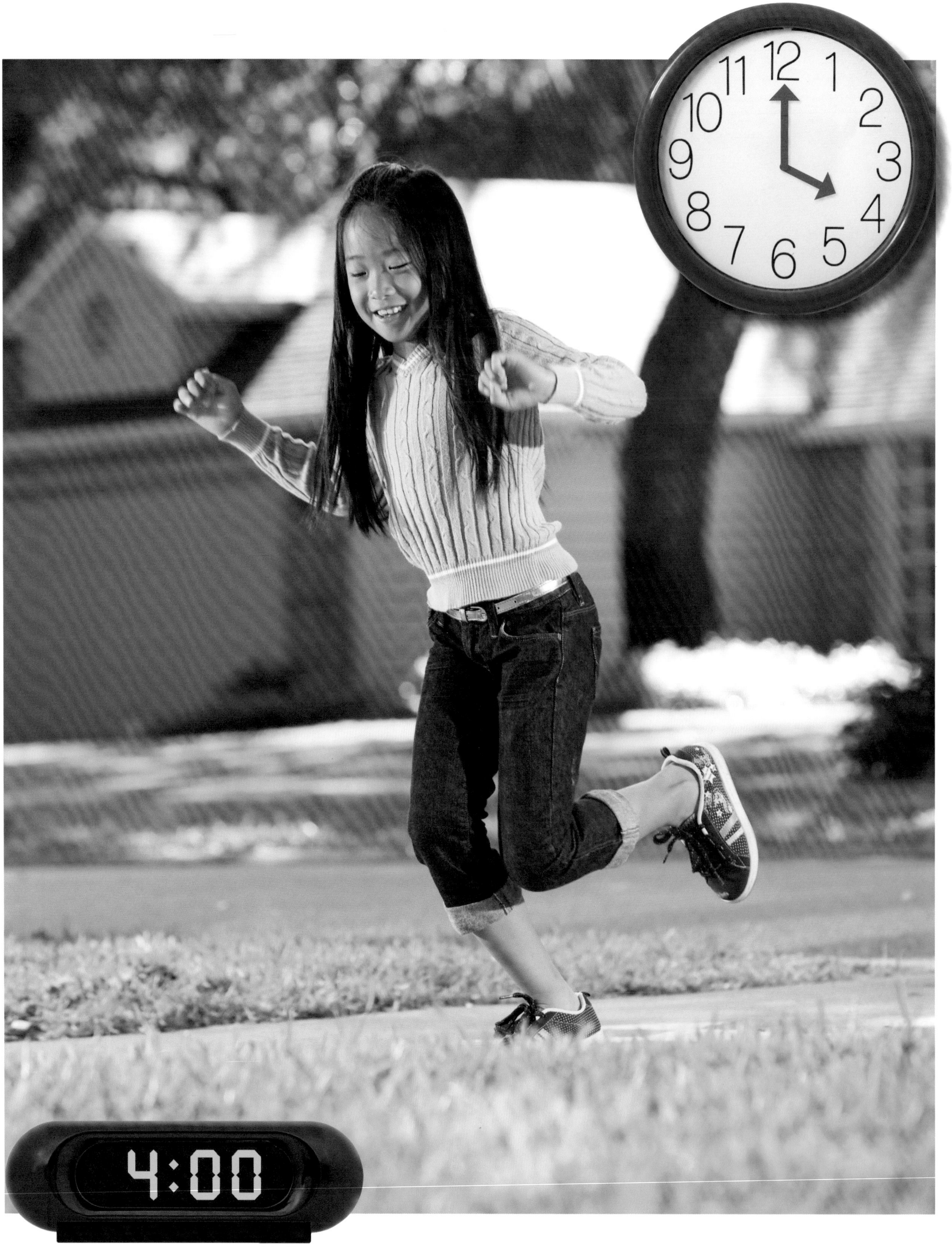
4:00

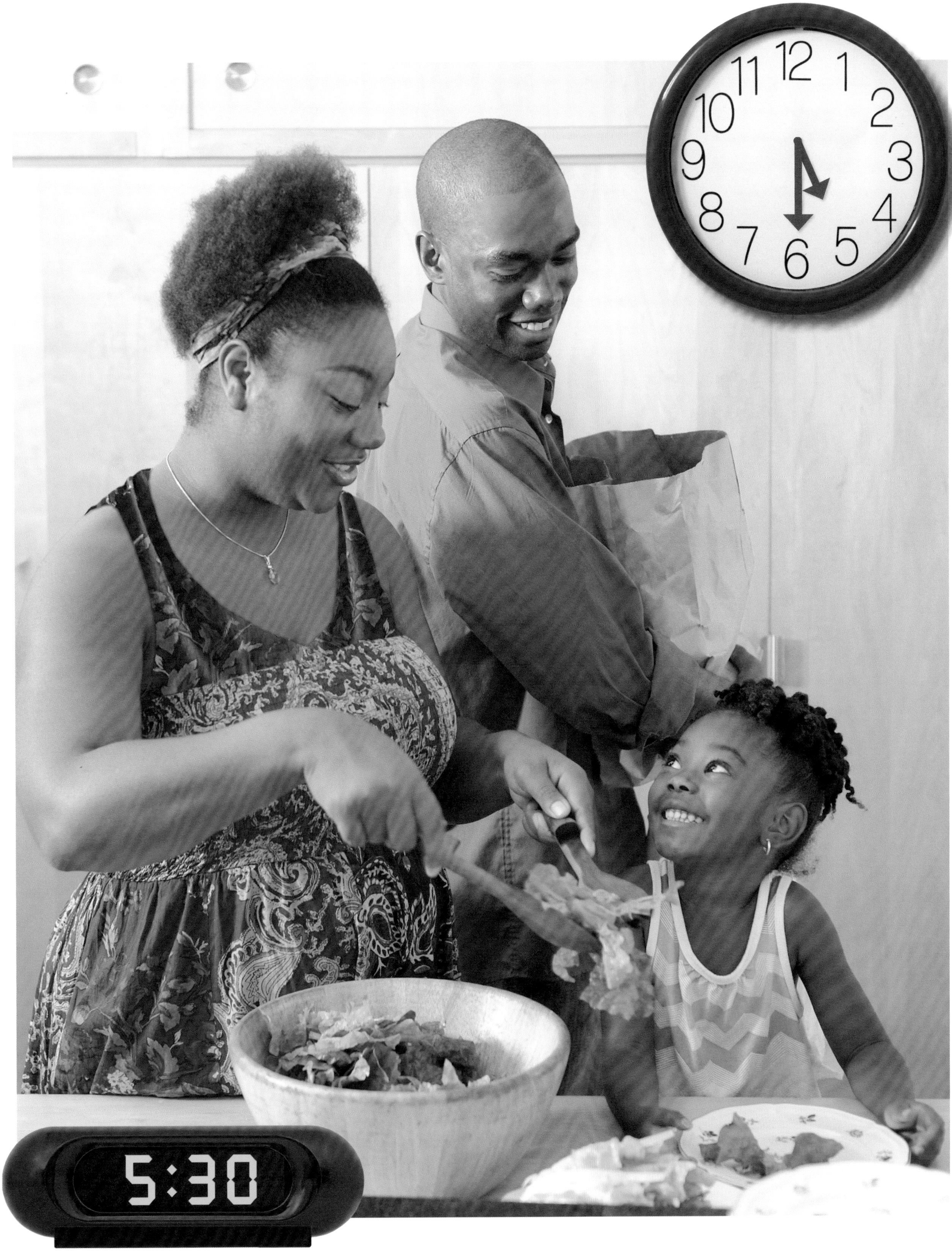
12
1
2
3
4
5
6
7
8
9
10
11
5:30

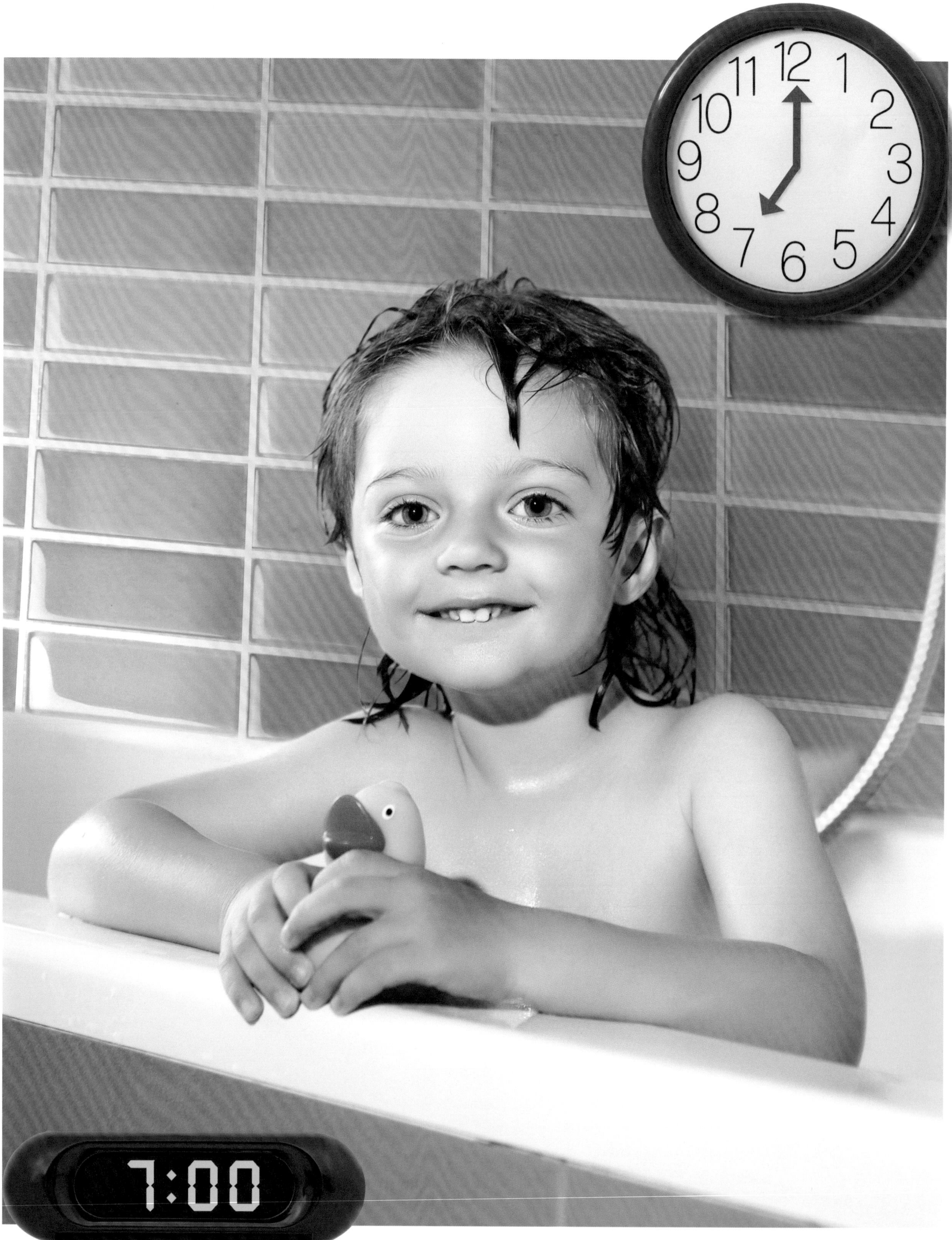
7:00

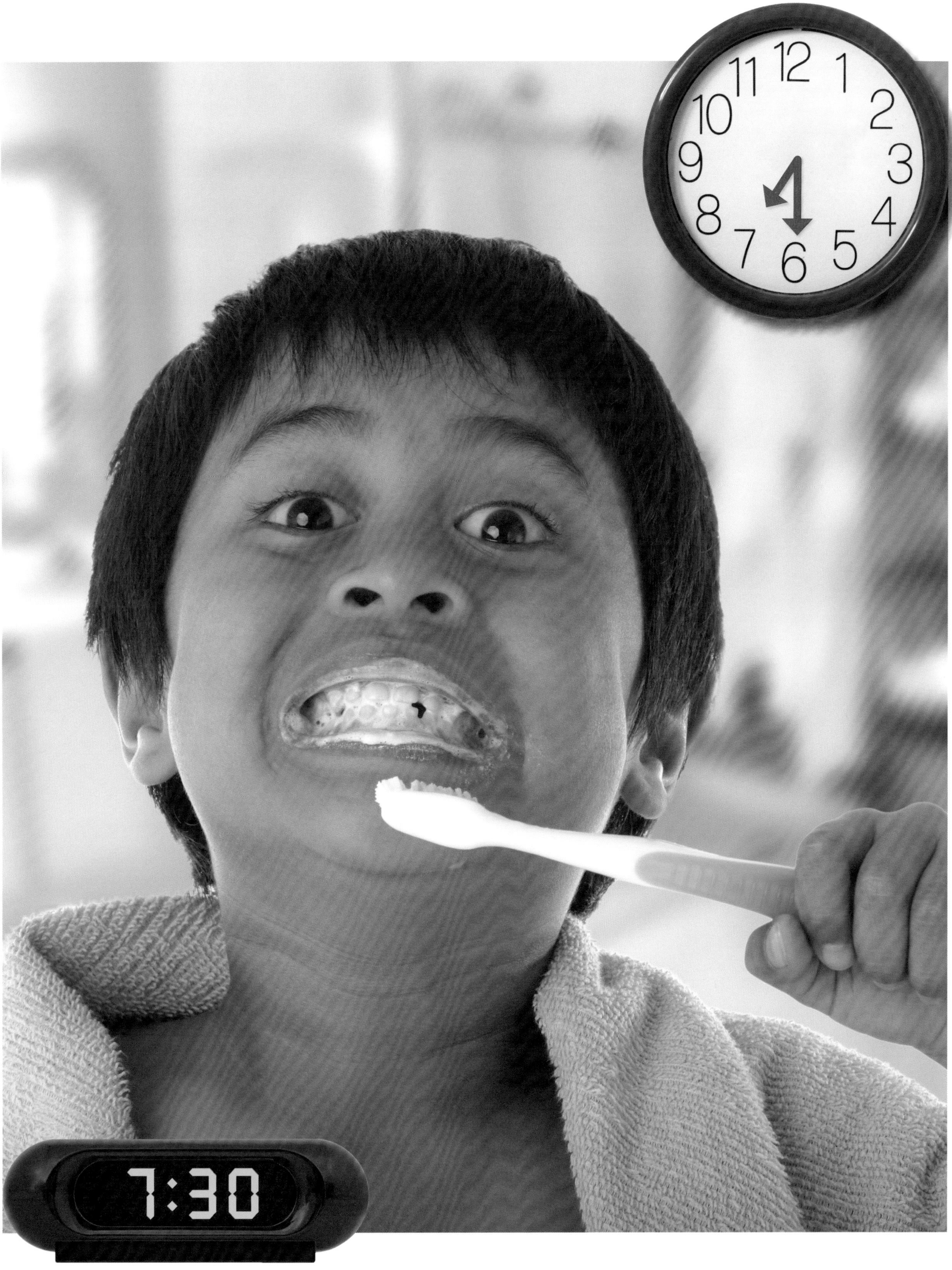
7:30

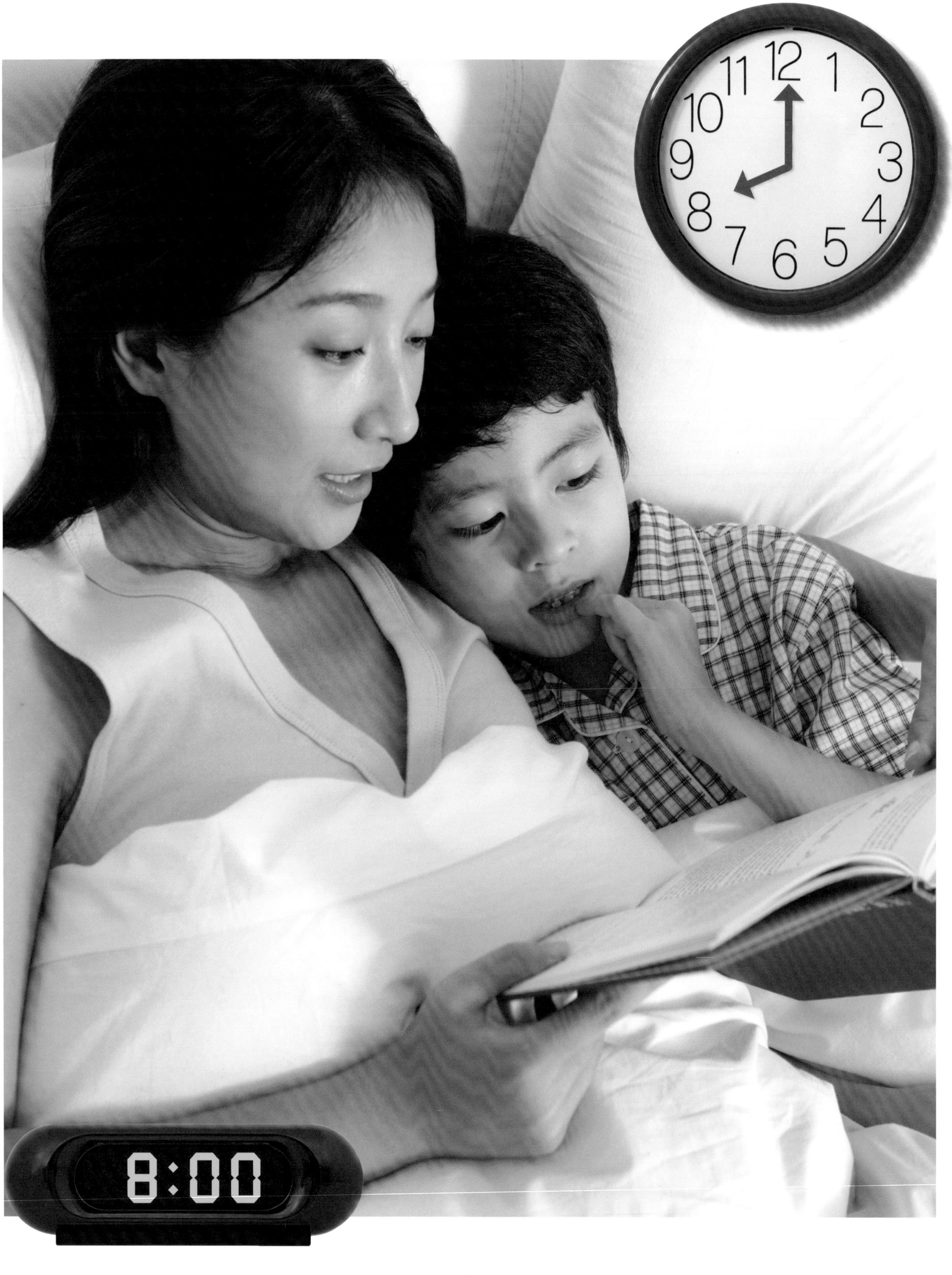
8:00